FRANÇAIS

1RE ANNÉE

Lettres Sons Mots courants

Écriture Lecture

Ce cahier appartient à :

_____

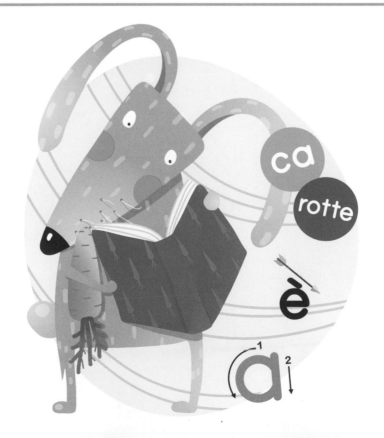

ca

rotte

è

a

GÉNIES JR.

Entoure les suites de lettres qui respectent l'**ordre alphabétique.**

(ab)   mn   de

bcd   efg   klm

rst   uwv   xyz

mon   abc   tuv

hij   cba   ced

abcde   adcbe   defgh

lkjik   rstuv   mnopq

Replace les mots ci-dessous dans l'**ordre alphabétique.**

 Coup de pouce !

Regarde la première lettre de chaque mot.

tomate

porte

souris

lapin

① _____

② _____

③ _____

④ _____

avion

pomme

sapin

carte

① _____

② _____

③ _____

④ _____

Range ces noms de vêtements dans l'**ordre alphabétique.**

Coup de pouce !
Quand deux mots commencent par la même lettre, compare la 2ᵉ lettre, et ainsi de suite.

foulard

pantalon

habit

chandail

écharpe

gant

robe

~~bonnet~~

imperméable

tablier

jupe

veste

manteau

1. __bonnet_____

2. _____

3. _____

4. _____

5. _____

6. _____

7. _____

8. _____

9. _____

10. _____

11. _____

12. _____

13. _____

Range ces parties du corps humain dans l'**ordre alphabétique.**

~~bouche~~

cœur

dent

jambe

main

œil

doigt

visage

cou

genou

menton

pied

bras

nez

tête

1. <u>bouche</u>
2. _____
3. _____
4. _____
5. _____
6. _____
7. _____
8. _____
9. _____
10. _____
11. _____
12. _____
13. _____
14. _____
15. _____

Range ces noms d'animaux dans l'**ordre alphabétique.**

poisson

girafe

~~araignée~~

loup

dinde

bœuf

fourmi

cheval

kangourou

écureuil

hibou

zèbre

lièvre

chien

mouche

1. _araignée_

2. _____

3. _____

4. _____

5. _____

6. _____

7. _____

8. _____

9. _____

10. _____

11. _____

12. _____

13. _____

14. _____

15. _____

Range ces noms d'aliments dans l'**ordre alphabétique.**

gâteau   1. <u>biscuit</u>

chocolat   2. _____

poisson   3. _____

fraise   4. _____

raisin   5. _____

carotte   6. _____

œuf   7. _____

tarte   8. _____

citron   9. _____

~~biscuit~~   10. _____

viande   11. _____

cerise   12. _____

pain   13. _____

mangue   14. _____

pêche   15. _____

Lis les **voyelles** à haute voix et trace-les à l'aide des lignes.

 Coup de pouce !
L'alphabet est composé de 2 sortes de lettres : les **voyelles** et les **consonnes**.

a   e   i   o   u   y

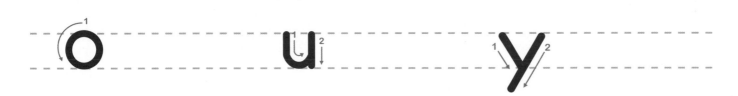

Complète les mots ci-dessous à l'aide des **voyelles** indiquées.

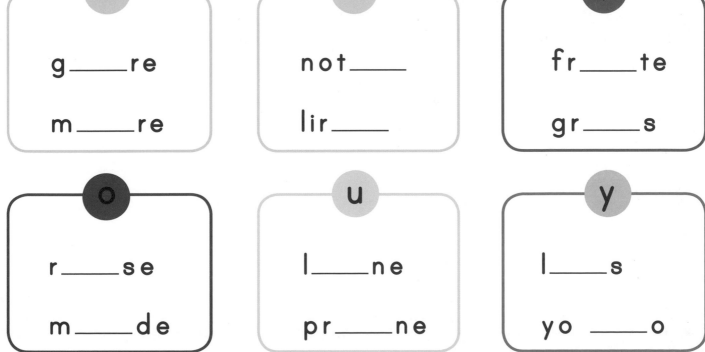

a

g ___ re

m ___ re

e

not ___

lir ___

i

fr ___ te

gr ___ s

o

r ___ se

m ___ de

u

l ___ ne

pr ___ ne

y

l ___ s

yo ___ o

Lis les **consonnes** à haute voix et trace-les à l'aide des lignes.

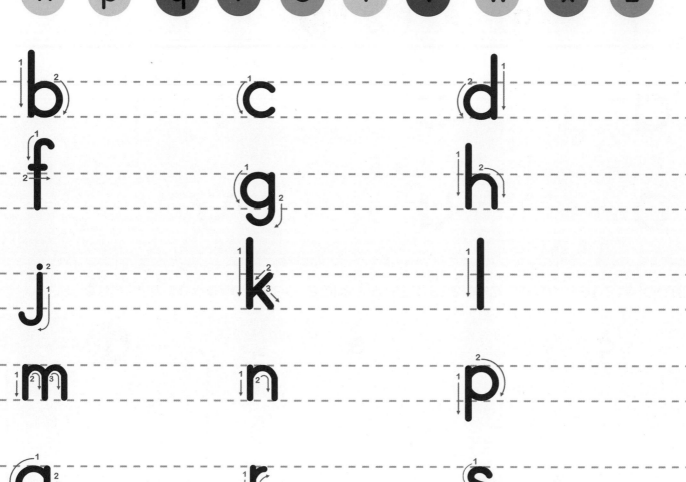

Barre les **consonnes** dans les mots ci-dessous.

 Coup de pouce !
Procède par élimination. Si ce n'est pas une **voyelle**, c'est une **consonne**.

m̷al̷le	peinture	note
table	cousin	juste
lièvre	éléphant	exercice
bol	salade	wagon
perle	tapis	zèbre
valise	ballon	coffre
gilet	armoire	geler
banane	heure	liste
givre	amour	amer
brûle	voisin	farine
rame	chameau	tissu
citron	alarme	navet

Choisis la **consonne** qui convient pour compléter les mots ci-dessous.

b   p   d   t

___ alle   é ___ oile   cha ___ eau

___ atin   ___ roite   ___ able

___ onjour   ___ oujours   ___ leu

ca ___ eau   ar ___ re   ___ ouze

ch   j

_____ aune   mou _____ e   _____ iffre

_____ ambe   _____ eval   _____ oyeux

_____ ardin   bou _____ e   _____ aude

a _____ eter   pê _____ e   clo _____ e

la   le   li   lo   lu

Lis ces **syllabes** à haute voix et trace-les à l'aide des lignes.

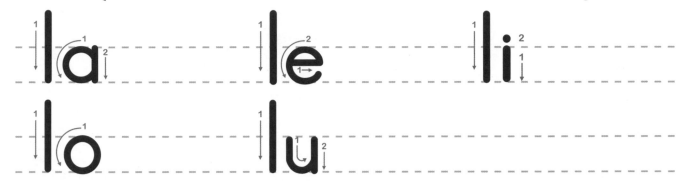

la   le   li

lo   lu

Entoure ces **syllabes** dans les mots ci-dessous.

lave   lire   lavabo   lame

vélo   lutin   lac   lapin

ma   me   mi   mo   mu

Lis ces **syllabes** à haute voix et trace-les à l'aide des lignes.

ma   me   mi

mo   mu

Entoure ces **syllabes** dans les mots ci-dessous.

mare   rame   mime   rime

mine   malade   melon   cinéma

Lis ces **syllabes** à haute voix et trace-les à l'aide des lignes.

Entoure ces **syllabes** dans les mots ci-dessous.

(ra)me   girafe   rime   numéro

ruche   nature   lecture   histoire

Lis ces **syllabes** à haute voix et trace-les à l'aide des lignes.

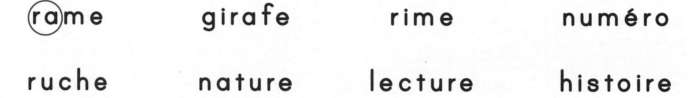

Entoure ces **syllabes** dans les mots ci-dessous.

(sa)lade   soleil   sud   savon

sapin   salon   sage   signe

Lis ces **syllabes** à haute voix et trace-les à l'aide des lignes.

Coup de pouce !

Quand le c est devant « a », « o » ou « u », il se prononce comme dans « camion ». C'est un c **dur**.

Quand le c est devant « e » ou « i », il se prononce comme dans « cerise ». C'est un c **doux**.

Entoure ces **syllabes** dans les mots ci-dessous.
Si c'est un **c dur,** entoure-le en rouge. Si c'est un **c doux,** entoure-le en bleu.

café	face	cube	copie
culture	colère	cible	puce
cabane	cela	cette	canon
ici	code	cadeau	cire
celui	cape	ceci	citron

Lis ces **syllabes** à haute voix et trace-les à l'aide des lignes.

Coup de pouce !

Quand le g est devant « a », « o » ou « u », il se prononce comme dans « gâteau ». C'est un **g dur**.

Quand le g est devant « e » ou « i », il se prononce comme dans « genou ». C'est un **g doux**.

ga   go   gu
ge   gi

Entoure ces **syllabes** dans les mots ci-dessous.
Si c'est un **g dur**, entoure-le en vert. Si c'est un **g doux**, entoure-le en orange.

ga̲re	gamin	indigo	sage
âge	cigale	givre	gagner
figure	genou	nuage	frigo
girafe	rouge	gazon	cargo
gelée	registre	régulier	cage

Colorie en rouge les mots contenant un **c dur** comme dans « camion ».

Colorie en bleu les mots contenant un **c doux** comme dans « citron ».

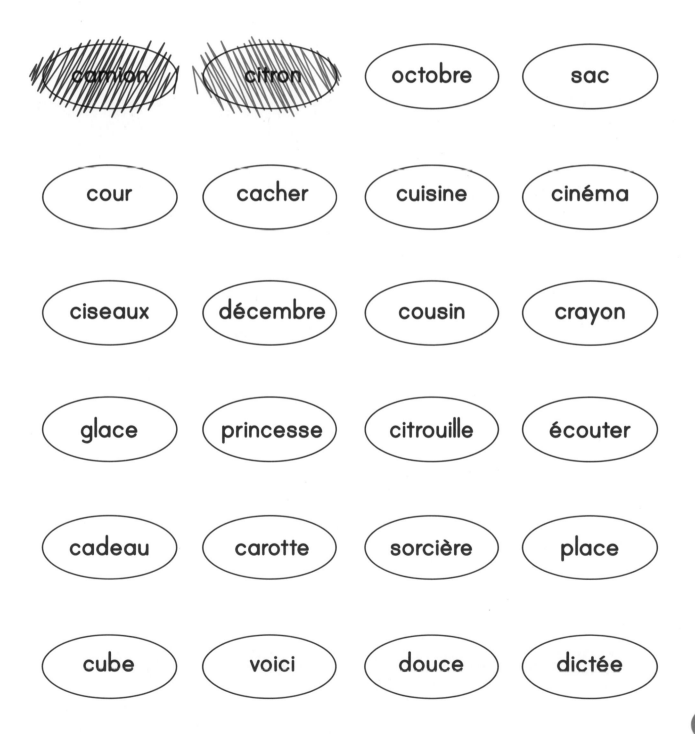

camion   citron   octobre   sac

cour   cacher   cuisine   cinéma

ciseaux   décembre   cousin   crayon

glace   princesse   citrouille   écouter

cadeau   carotte   sorcière   place

cube   voici   douce   dictée

Colorie en vert les mots contenant un **g dur** comme dans « grande ».
Colorie en orange les mots contenant un **g doux** comme dans « éponge ».

Écris le nom des images en utilisant les **lettres** ci-dessous.
Regarde bien la couleur des cases.

 Coup de pouce !
Les cases rouges sont pour les **voyelles**, les cases roses sont
pour les **consonnes** et les cases bleues sont pour les **sons**.

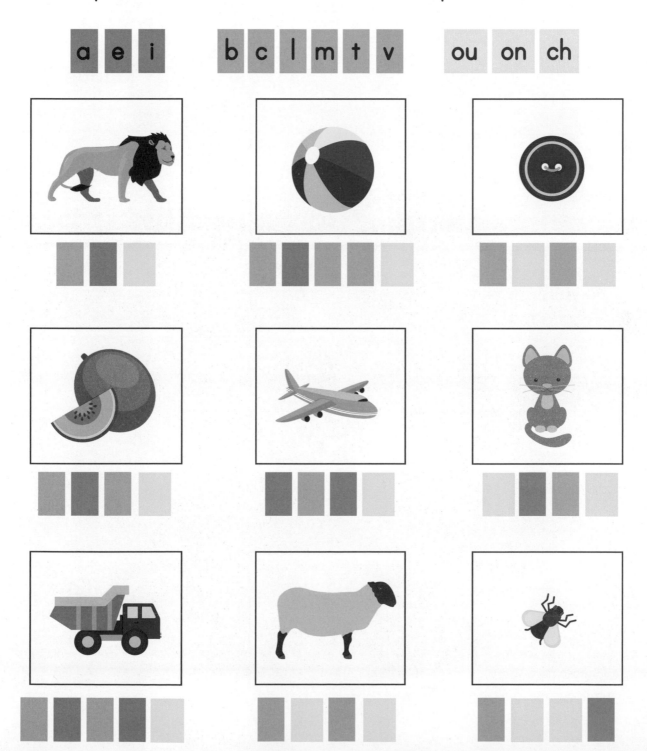

Écris le nom des images en utilisant les **lettres** ci-dessous.
Regarde bien la couleur des cases.

Coup de pouce !
Les cases jaunes sont pour les **voyelles**, les cases orangées sont pour les **consonnes** et les cases vertes sont pour les **sons**.

a e é   l p r s t v   ou in oi ch

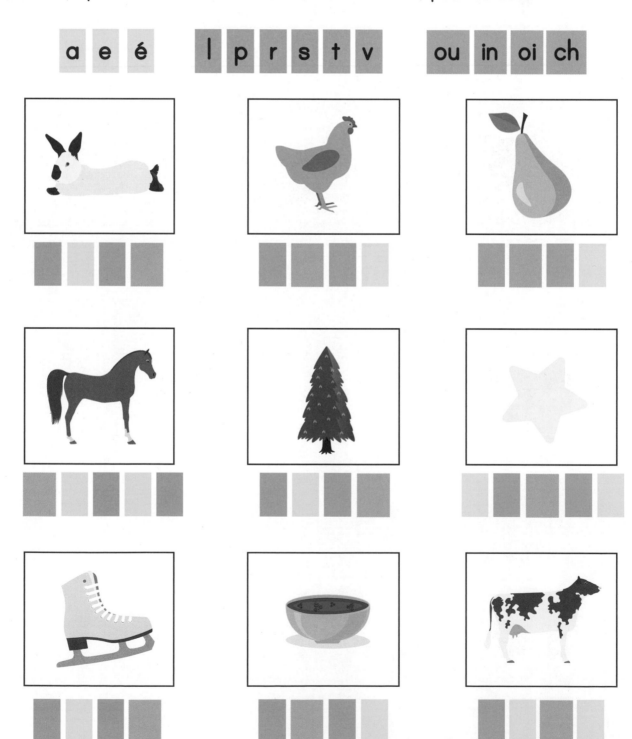

Les **syllabes** ci-dessous sont composées d'une **consonne** et d'un **son**. Entraîne-toi à les lire à haute voix.

ban	dan	fan	gan
den	men	pen	ren
san	ven	sen	man

Quel **son** entends-tu quand tu prononces leur nom ?
Relie l'image à la bonne syllabe.

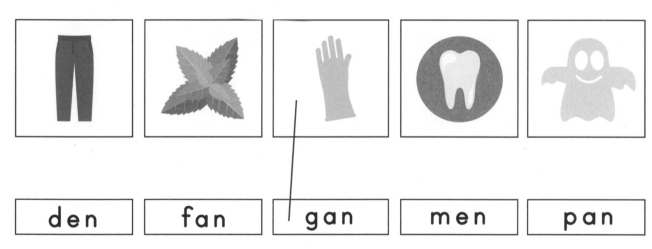

| den | fan | gan | men | pan |

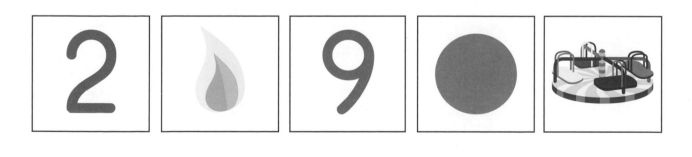

| feu | jeu | bleu | deu | neu |

Les **syllabes** ci-dessous sont composées d'une **consonne** et d'un **son**. Entraîne-toi à les lire à haute voix.

boi	doi	loi	noi
poi	roi	toi	soi
din	pin	rin	sin

Quel **son** entends-tu quand tu prononces leur nom ?
Relie l'image à la bonne syllabe.

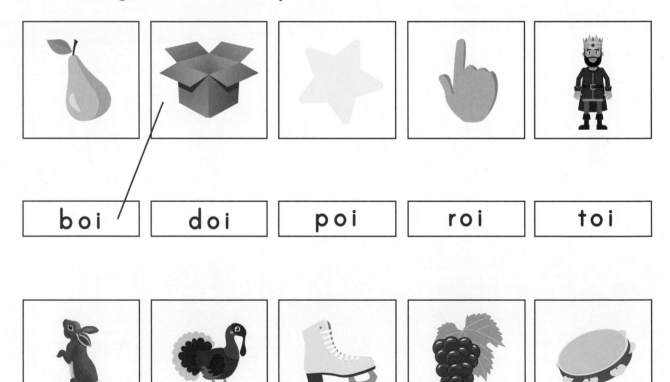

boi	doi	poi	roi	toi

din	tin	pin	sin	rin

Choisis le **son** qui convient pour compléter les mots ci-dessous.

sol_____

gren_____le

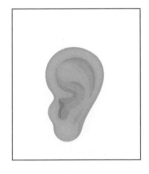

or_____le

gor_____e

citr_____le

bout_____le

méd_____le

écur_____

chen_____e

faut_____

épouvant_____

f_____le

23

Choisis les **sons** qui conviennent pour compléter les mots ci-dessous.

Coup de pouce !
Un même **son** peut s'écrire de différentes façons.
Devant « b » ou « p », il faut toujours placer la lettre « m ».

en em an am

nov _____ bre   m _____ teau   sept _____ bre

d _____ t   _____ s   c _____ t

br _____ che   d _____ ser   m _____ ton

ch _____ pion   dev _____ t   par _____ t

enf _____ t   ch _____ pignon   v _____ dredi

l _____ pe   _____ fin   cr _____ pe

dim _____ che   vêtem _____ t   l _____ pion

Choisis les **sons** qui conviennent pour compléter les mots ci-dessous.

Coup de pouce !
Un même **son** peut s'écrire de différentes façons.
Devant « b » ou « p », il faut toujours placer la lettre « m ».

in   im   on   om

pr_____ ce   r_____ cer   gr_____ per

tr_____ pette   _____ possible   leç_____

_____ perméable   poiss_____   pr_____ cesse

mascul_____   vois_____   mais_____

rais_____   s_____ bre   _____ portant

chans_____   n_____ bre   fémin_____

m_____ tre   pat_____   enf_____

25

Prononce le nom de ces images et colorie une bulle pour chaque **syllabe** que tu entends.

Prononce le nom de ces images et colorie une bulle pour chaque **son** que tu entends.

Quel **son** entends-tu quand tu prononces leur nom ?
Colorie la bonne réponse.

Quel **son** entends-tu quand tu prononces leur nom ?
Colorie la bonne réponse.

29

Quel **son** entends-tu quand tu prononces leur nom ?
Colorie la bonne réponse.

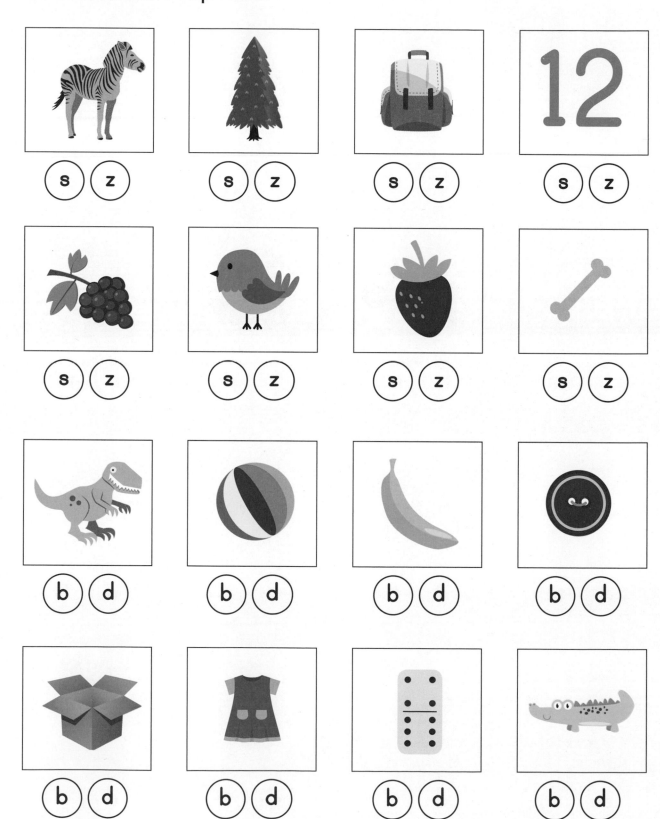

Quel **son** entends-tu quand tu prononces leur nom ?
Colorie la bonne réponse.

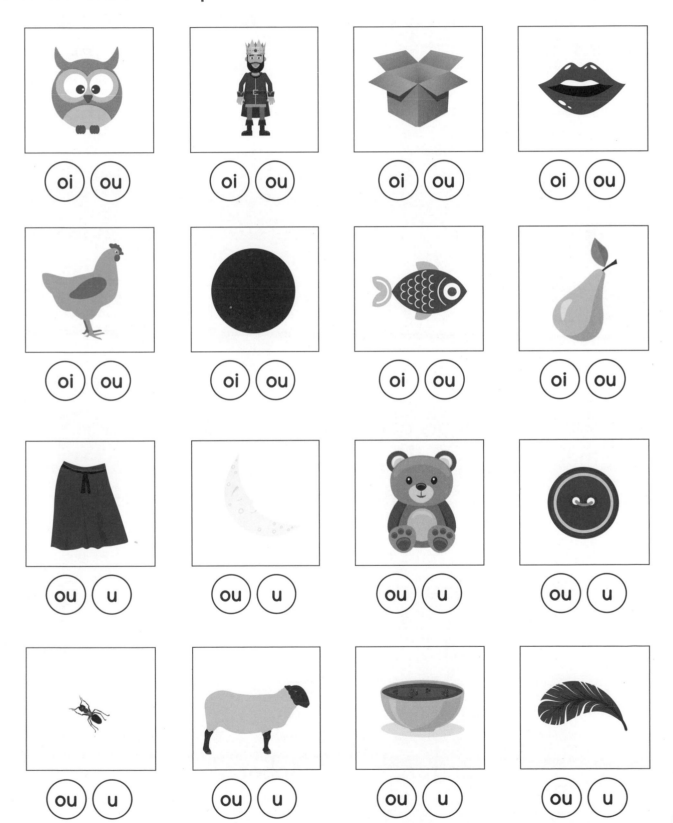

oi ou   oi ou   oi ou   oi ou

oi ou   oi ou   oi ou   oi ou

ou u   ou u   ou u   ou u

ou u   ou u   ou u   ou u

Entoure en rouge les mots contenant le **son** « eu », prononcé comme « heureux ».

Entoure en bleu les mots contenant le **son** « eu », prononcé comme « heure ».

bleu	deux	peur	acheter
(heure)	fleur	neuf	feu
chanteuse	yeux	(heureux)	chanteur
feuille	bœuf	cœur	jeu

Entoure en vert les mots contenant le **son** « è », comme dans « mer ».

Entoure en orange les mots contenant le **son** « é », comme dans « acheter ».

(acheter)	couper	danser	hiver
cherche	perdre	hier	escalier
papier	donner	(mer)	terre
perle	manger	cacher	palier

Entoure en vert les mots contenant le **son** « è », comme dans « maison ».
Entoure en bleu les mots contenant le **son** « in », comme dans « main ».

(main)   (maison)   raison   caisse

pain   paire   nain   américain

cubain   maire   marocain   taire

laine   bain   baignoire   faire

Entoure en rouge les mots contenant le **son** « z », comme dans « zèbre ».
Entoure en orange les mots contenant le **son** « s », comme dans « prince ».

(zèbre)   rose   brosse   garçon

(prince)   oiseau   pouce   ourson

cinéma   trésor   cuisine   poisson

mince   prison   rasoir   arrosoir

Place les mots dans les bons encadrés en fonction du **son** que tu entends quand tu les prononces.

sc	sp
_____	_____
_____	_____
_____	_____
_____	_____
_____	_____
_____	_____

escalier • spectacle • statue • espace •
escargot • ~~test~~ • espoir • escrime •
terrestre • sportif

st
test
_____
_____
_____
_____
_____

Place les mots dans les bons encadrés en fonction du **son** que tu entends quand tu les prononces.

a – n
J'entends le son « a », puis le son « n ».
animal

an
J'entends le son « an ».
plante

danser • manteau • canard • canal • branche • paniquer • cinéma • prince • copine • voisin • enfin • cousine

i – n
J'entends le son « i », puis le son « n ».
mine

in
J'entends le son « in ».
patin

Dans chaque boîte, entoure les mots qui **riment** avec le mot central.

Coup de pouce !
Quand tu entends le même **son** à la fin de 2 mots,
on dit qu'ils **riment**.

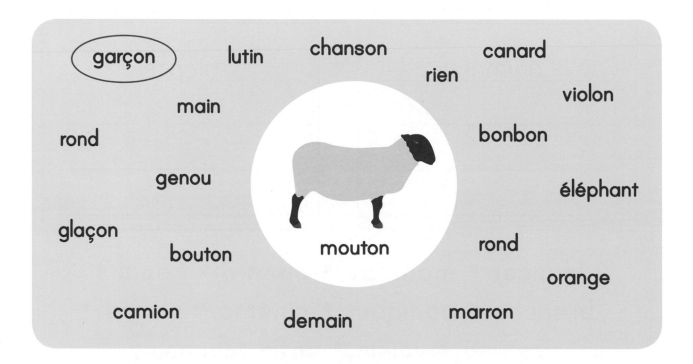

garçon   lutin   chanson   canard
rien
violon
main
rond   bonbon
genou
éléphant
glaçon   rond
bouton   mouton   orange
camion   marron
demain

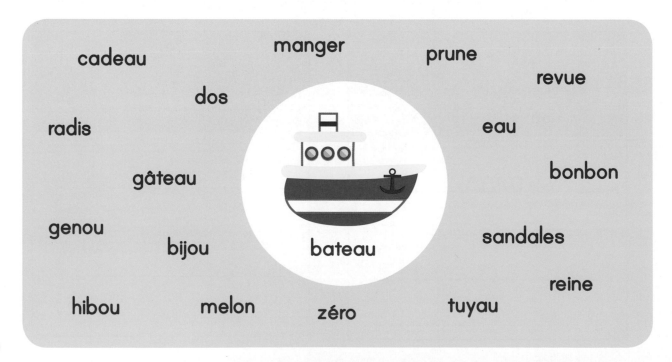

cadeau   manger   prune
revue
dos
radis   eau
gâteau   bonbon
genou   sandales
bijou   bateau
reine
hibou   melon   zéro   tuyau

Souligne les 2 mots qui **riment** dans les phrases ci-dessous.

• Mon <u>sac à dos</u> est tombé à l'<u>eau</u>.

• J'ai posé mon cartable sur une table.

• Le feu est allumé dans la cheminée.

• Le canard nage dans la mare.

• Ses mitaines sont en laine.

• C'est une fillette très coquette.

• Nous avons ramassé des coquillages sur la plage.

Prononce le nom de ces images et colorie une case pour chaque **syllabe**.

(lu – tin)

Prononce le nom de ces images et colorie une case pour chaque **syllabe.**

Utilise les **syllabes** ci-dessous pour compléter les mots.

——— mar – me – mi – man – mur – mou ———

_____ ton

_____ cro

_____ lon

_____ teau

_____

_____ mitte

——— la – le – li – lo – lu – lon ———

_____ pin

_____ ne

_____ on

vé _____

panta _____

pou _____

Utilise les **syllabes** ci-dessous pour compléter les mots.

——————— ra - re - ri - ro - ru - rou ———————

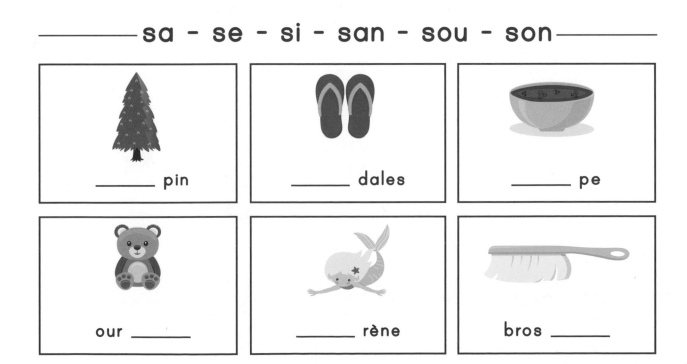

_____ be

_____ ge

_____ dio

_____ quin

_____ che

sou _____ re

——————— sa - se - si - san - sou - son ———————

_____ pin

_____ dales

_____ pe

our _____

_____ rène

bros _____

Utilise les **syllabes** ci-dessous pour compléter le nom des animaux.

la	le	che	mou
ton	val	pou	pin

_____ pin

_____ val

_____ ton

_____ le

mou	li	zè	four
che	mi	on	bre

_____ che

_____ on

_____ bre

_____ mi

Utilise les **syllabes** ci-dessous pour compléter le nom des aliments.

| ba | me | poi | che |
| ne | pom | na | pê |

_____ re

_____ me

_____ lon

_____ nane

| bro | co | pa | to |
| de | te | sa | li |

_____ mate

_____ coli

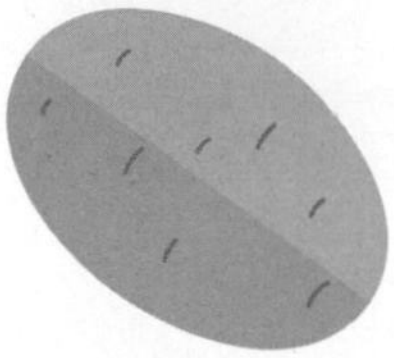

_____ tate

_____ lade

Entoure le **mot** qui est écrit correctement pour chaque image.

(deux)
de

cheuval
cheval

meulon
melon

poire
piore

étiole
étoile

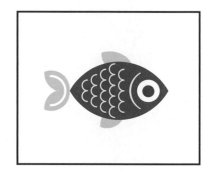

poisson
piosson

pantalon
pontalon

moutan
mouton

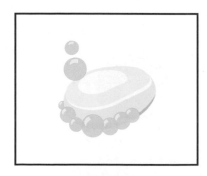

savon
savan

Entoure le **mot** qui est écrit correctement pour chaque image.

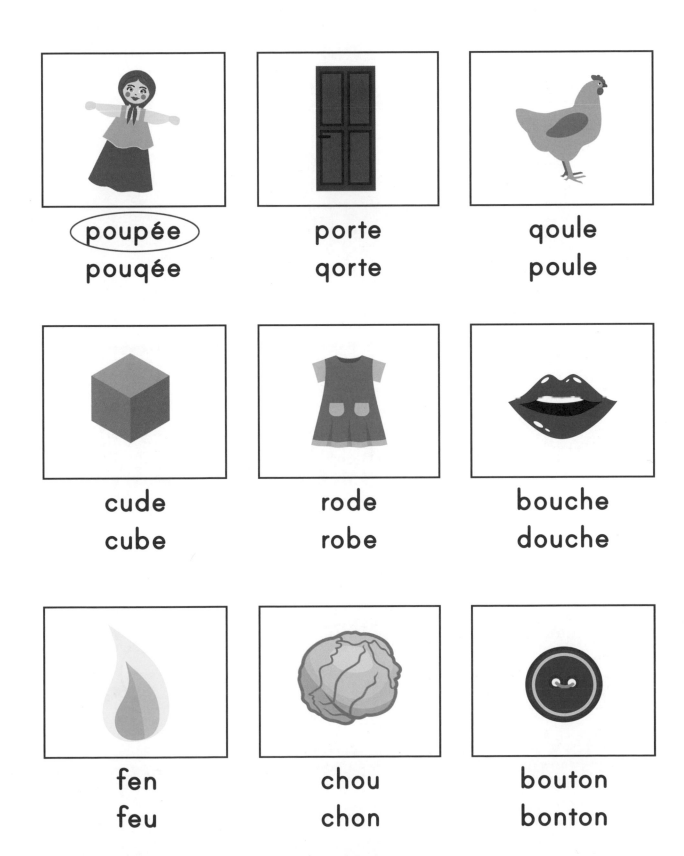

(poupée)
pouqée

porte
qorte

qoule
poule

cude
cube

rode
robe

bouche
douche

fen
feu

chou
chon

bouton
bonton

Entoure le **mot** qui est écrit correctement pour chaque image.

toupi

(toupie)

zalade

salade

tasse

tazze

bateau

bato

fusé

fusée

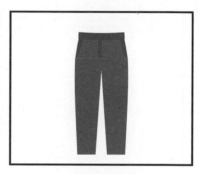

pantalon

panlaton

train

trin

lvne

lune

loupe

lovpe

Entoure le **mot** qui est écrit correctement pour chaque image.

(ligne)
linge

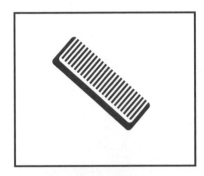

peigne
peinge

bainoire
baignoire

araignée
arainiée

panier
pagner

singe
signe

se baigner
se baingner

montange
montagne

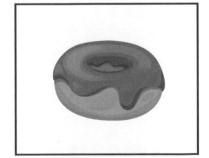

beignet
beinget

é   è   ê

Complète les mots ci-dessous avec l'**accent** approprié.

 Coup de pouce !

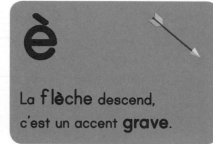

é   La **fusée** monte, c'est un accent **aigu**.

è   La f**lèche** descend, c'est un accent **grave**.

ê   Le chapeau sur la **tête**, c'est un accent **circonflexe**.

p_é_pin

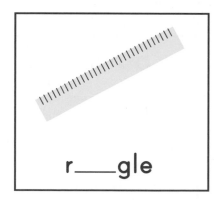

poup___e

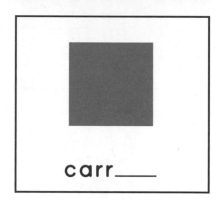

carr___

b___b___

r___gle

z___bre

___p___e

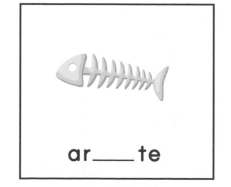

ar___te

gu___pe

Tu entends chaque fois le même son, pourtant ces **mots** s'écrivent différemment. Réécris-les dans les boîtes appropriées.

Coup de pouce !

Un mot peut appartenir à deux boîtes différentes.

~~beau~~ • gros • auto • gauche • zéro • beaucoup • vélo • chose • bateau • jaune • mot • marteau • aujourd'hui

o	au	eau
		beau

Tu entends chaque fois le même son, pourtant ces **mots** s'écrivent différemment. Réécris-les dans les boîtes appropriées.

et
_____
_____
_____
_____
_____

ei
_____
_____
_____
_____
_____

jouet • neige • ~~laine~~ • reine • raisin • chaise • poulet • fraise • carnet • seize • aile • treize • sifflet • baleine • maison

ai
laine
_____
_____
_____
_____

Range les syllabes dans le bon ordre pour écrire ces **mots** correctement.

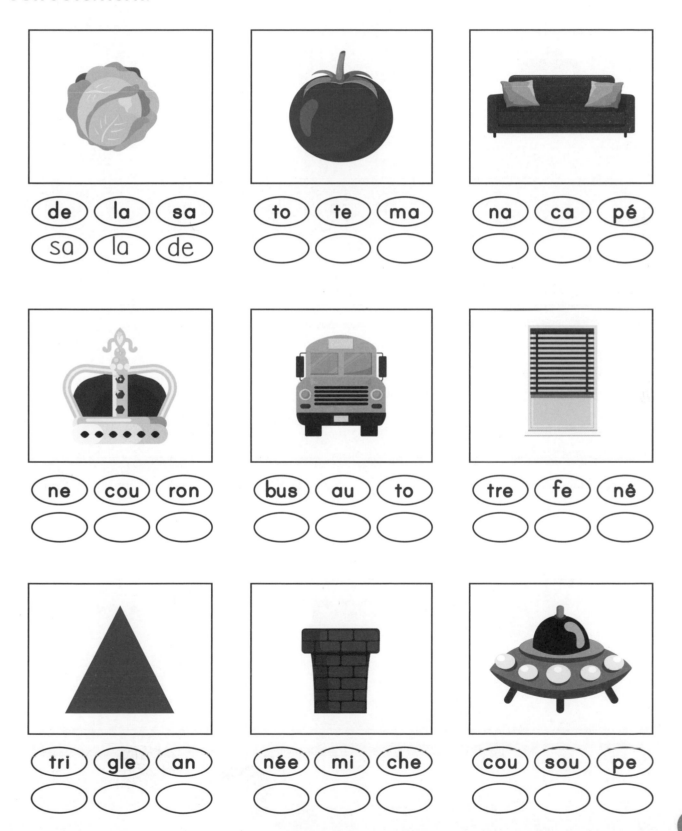

Range les syllabes dans le bon ordre pour écrire ces **mots** correctement.

li bro co

toi é le

ra te pi

pa te ta

na ne ba

tô me fan

te ca rot

lon pan ta

do no mi

As-tu de bons yeux ?
Entoure le **mot** en vedette chaque fois que tu le vois.

et
et te et tee ete et eet et et tet et

est
est et tes est ets set est ste tse est

des
des des esd des esd des sed sde des

les
les les els les les esl les sel sle less les

sur
sur rus sur rsu sru sur usr urs sur sur
suru sur sure surs sur

elle
elle eell elle leel elle elle llee elel lele elle

pour
pour puor pour poru puro prou pour poru
pour puro ourp uopr pour

que
que qeu que euq pue peu que ueq que
uqe equ que

qui
qui qiu pui qui uqi iqu qui uiq iuq qui
upi qui

Mots courants

As-tu de bons yeux ?
Entoure le **mot** en vedette chaque fois que tu le vois.

dans

dans dans dasn dans ansd dans ands
sand dans snda sdna snda dans dnsa
adns dans asdn dans

avec

avec avec cave eavc avec vace ceva
veca caev avec caev acev avec avce
avce avec vcae vcea avec

c'est

c'est c'set c'est c'tes c'ste c'est s'ect
s'etc c'est s'cet s'tec c'est t'esc t'ces
c'est est'c set'c c'est cest ces't c'est

il y a

il y a a i l y a y i l il y a li y a ly i a ilya
il y a il y a il y a il y a il a y yl i a a i l y

beaucoup

beaucoup   boucoup   beaucoup
beaucoup   beaucou   beaucoup
beaucoup   boucoup   beaucoup
beaucoup   beaucou   beaucoup

Retrouve les 10 noms d'insectes ci-dessous dans la grille
et entoure-les.

 Coup de pouce !
Les **mots** peuvent être écrits de gauche à droite mais aussi de haut en bas.

~~TIQUE~~ • FOURMI • COCCINELLE • MOUCHE • CHENILLE •
SAUTERELLE • LIBELLULE • ARAIGNÉE • PUCE • MITE

A	R	A	I	G	N	E	E	C	S
Y	L	B	B	Y	K	M	M	O	A
C	I	P	U	C	E	G	O	C	U
H	B	N	R	G	N	T	U	C	T
E	E	Q	F	W	I	I	C	I	E
N	L	H	O	A	A	Q	H	N	R
I	L	S	U	X	T	U	E	E	E
L	U	Y	R	Q	H	E	G	L	L
L	L	Q	M	M	I	T	E	L	L
E	E	Q	I	D	I	G	A	E	E

Retrouve les 10 noms de fruits ci-dessous dans la grille
et entoure-les.

Coup de pouce !
Les **mots** peuvent être écrits de gauche à droite, de haut en bas, mais
aussi de droite à gauche ou de bas en haut.

~~MELON~~ • BANANE • FRAISE • FRAMBOISE • POIRE •
ABRICOT • PÊCHE • KIWI • FIGUE • POMME

N	E	B	K	P	D	F	U	C
O	M	A	X	E	S	I	O	T
L	X	N	R	C	E	G	H	I
E	W	A	I	H	O	U	P	W
M	A	N	V	E	E	E	O	I
R	X	E	R	I	O	P	M	K
F	R	A	I	S	E	B	M	C
A	B	R	I	C	O	T	E	I
F	R	A	M	B	O	I	S	E

Réécris les **mots** ci-dessous dans les boîtes appropriées.

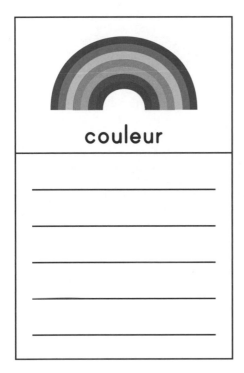

couleur

_____
_____
_____
_____

bleu

voiture

noir

robe

pupitre

rouge

colle

manteau

camion

jupe

élève

vélo

jaune

pantalon

bateau

classe

autobus

crayon

vert

chapeau

véhicule

_____
_____
_____
_____

école

_____
_____
_____
_____

vêtement

_____
_____
_____
_____

Réécris les **mots** ci-dessous dans les boîtes appropriées.

personne

_____

_____

_____

_____

papa

poupée

pupitre

chat

maman

lion

table

lit

madame

tigre

robot

ballon

lapin

frère

commode

poule

balle

tante

canapé

peluche

jouet

_____

_____

_____

_____

meuble

_____

_____

_____

_____

animal

_____

_____

_____

_____

Dans la liste suivante, raye tout ce qui ne se mange pas.

~~avion~~

poisson

poupée

bouton

soupe

sac

étoile

poire

savon

montre

jupe

sapin

melon

table

patin

banane

pomme

brocoli

ruche

tomate

gâteau

bateau

Relie entre eux les **mots** qui sont de la même **famille**.

Coup de pouce !

Une **famille de mots** est composée de tous les mots formés à partir d'une même base.

glace	forte
an	dossier
monde	mondial
bavard	droite
rang	tablette
fort	naturel
nature	peureux
vent	sorcier
dos	bavarde
droit	glaçon
musique	planter
table	année
sorcière	venteux
peur	nuageux
plante	rangée
nuage	musical

Regroupe les **mots** qui sont de la même **famille** en les recopiant dans les bons encadrés.

chaude • artiste • longueur • campeuse • dentaire •
dentiste • dentier • grande • jardiner • grossir • hauteur •
• grosse • longue • grandeur • artistique • campement •
jardinier • chaudement • haute • camper • grosseur

chaud	grand	long
chaude		
chaudement		

camp	gros	dent

haut	art	jardin

Tous les mots ci-dessous sont des **verbes.** Complète la grille.

aller
aimer
boire
chanter
colorier
découper

dessiner
dire
encercler
entourer
~~faire~~
jouer

manger
regarder
souligner

Les noms ci-dessous sont-ils **masculins** ou **féminins** ?
Colorie le **déterminant** qui convient et écris la réponse sur la
ligne en dessous.

masculin

Les noms ci-dessous sont-ils **masculins** ou **féminins** ?
Colorie le **déterminant** qui convient et écris la réponse sur la
ligne en dessous.

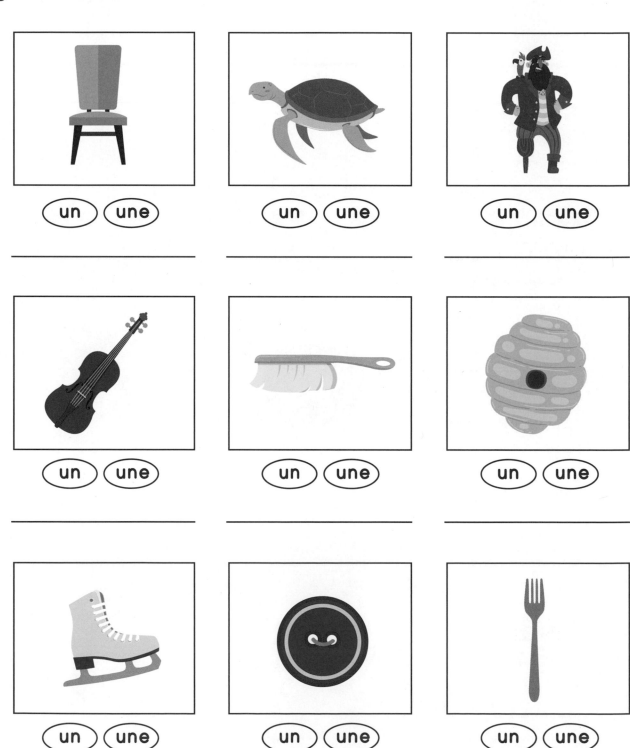

un   une   un   une   un   une

un   une   un   une   un   une

un   une   un   une   un   une

Les noms ci-dessous sont-ils **singuliers** ou **pluriels** ?
Colorie le **déterminant** qui convient et écris la réponse sur la ligne en dessous.

un   des
pluriel

un   des
_____

une   des
_____

un   des
_____

une   des
_____

une   des
_____

une   des
_____

un   des
_____

une   des
_____

Les noms ci-dessous sont-ils **singuliers** ou **pluriels** ?
Colorie le **déterminant** qui convient et écris la réponse sur la ligne en dessous.

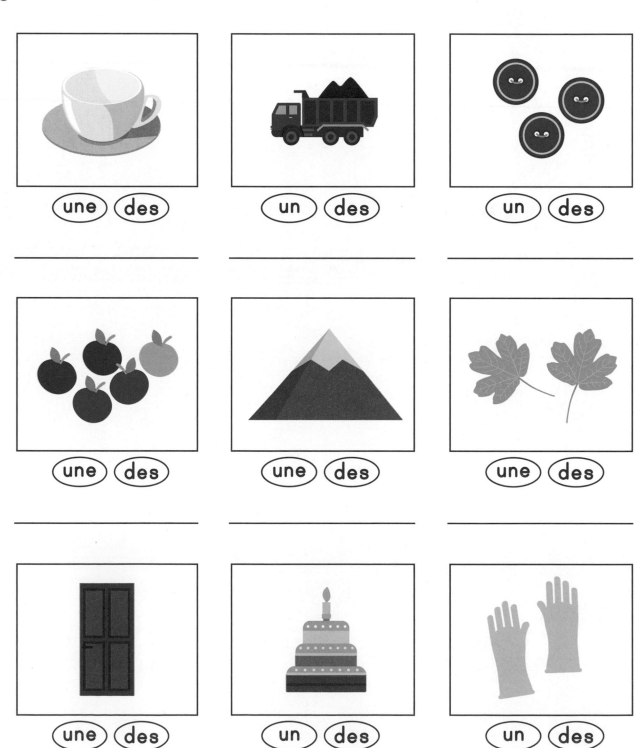

 il elle

Remplace les mots ci-dessous par le bon **pronom.**

un vélo

il

_____

une voiture

_____

une moto

_____

un camion

_____

un avion

_____

une fusée

_____

un hélicoptère

_____

un bateau

_____

une montgolfière

_____

Colorie le **pronom** qui remplace le mieux les mots soulignés.

(il) (elle) Un garçon chante une belle chanson.

(il) (elle) Une fille dessine un beau dessin.

(il) (elle) Ma grand-maman regarde la télévision.

(il) (elle) Mon grand-papa est malade.

(il) (elle) Mon frère aime être très grand.

(il) (elle) Sa mère va lire un livre.

(il) (elle) Son père est content.

Colorie le mot qui correspond à l'image pour que les **phrases** aient du sens.

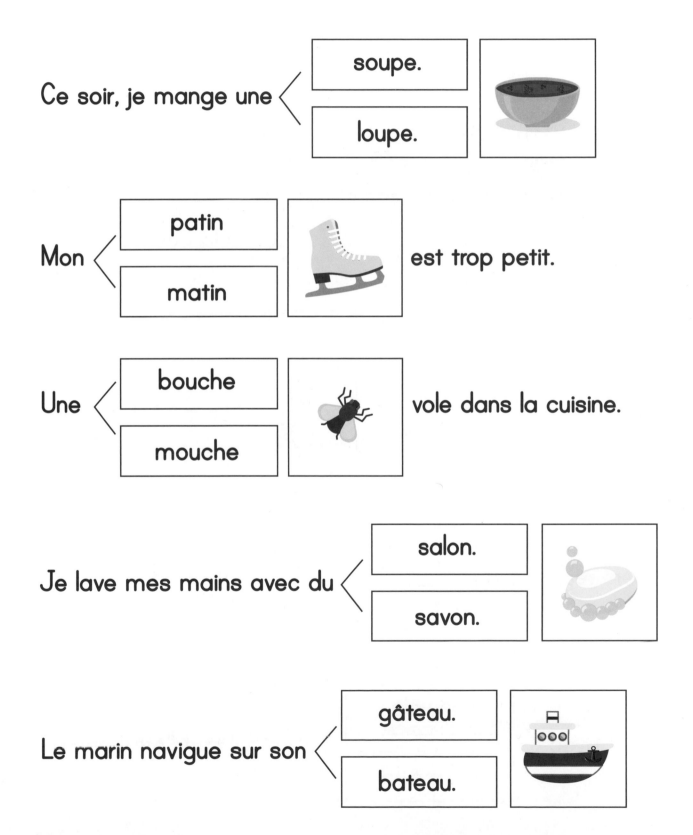

Ce soir, je mange une

| soupe. |
| loupe. |

Mon

| patin |
| matin |

est trop petit.

Une

| bouche |
| mouche |

vole dans la cuisine.

Je lave mes mains avec du

| salon. |
| savon. |

Le marin navigue sur son

| gâteau. |
| bateau. |

Colorie le mot qui correspond à l'image pour que les **phrases** aient du sens.

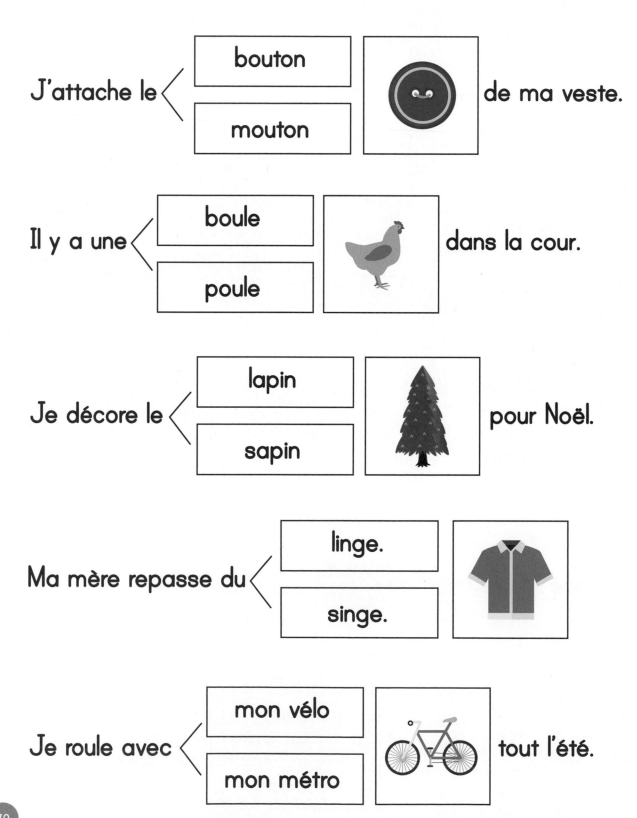

J'attache le
- bouton
- mouton

de ma veste.

Il y a une
- boule
- poule

dans la cour.

Je décore le
- lapin
- sapin

pour Noël.

Ma mère repasse du
- linge.
- singe.

Je roule avec
- mon vélo
- mon métro

tout l'été.

Pour chacune des **phrases,** entoure le premier mot qui convient et dessine le point.

Coup de pouce !
Une **phrase** commence par une lettre **majuscule** et se termine par un **point**.

le   (Le)   melon est bon [•]

La   la   pluie tombe [ ]

elle   Elle   porte une belle robe [ ]

le   Le   lapin est un animal [ ]

un   Un   bateau flotte sur l'eau [ ]

mon   Mon   amie est contente [ ]

Le   le   dessin est joli [ ]

L'   l'   avion fait du bruit [ ]

Oups, les boîtes contenant des **phrases** sont tombées !
Réécris le contenu des boîtes dans le bon ordre.

| mon papa | J'aime | et ma maman. |

J'aime mon papa et ma maman.

| chez moi. | est | Ma tante |

_____

| Je promène | chien. | mon |

_____

| lit | Mon père | un livre. |

_____

| dans le salon. | Mon frère | joue |

_____

Réécris le contenu des boîtes dans le bon ordre pour que ces **phrases** soient correctes.

| homme | Mon | oncle | généreux. | un | est |

Mon oncle est un homme généreux.

| chante | cousine | nous. | avec | toujours | Ma |

| Mon | les | aime | enfants. | grand-père |

| des | grand-mère | histoires | Ma | raconte | drôles. |

| sont | Mes | dans | parents | encore | jardin. | leur |

Complète les **énumérations** ci-dessous avec l'un de ces éléments.

 Coup de pouce !

Les éléments d'une **énumération** sont toujours séparés par une virgule, sauf les deux derniers qui sont séparés par le mot « et ».

Dans la forêt, j'ai vu des écureuils ⟨,⟩ des insectes ⟨et⟩ des oiseaux ⟨.⟩

Je veux manger du gâteau au chocolat ☐ de la tarte aux fraises ☐ des biscuits au citron ☐

Il veut écouter une histoire avec un roi ☐ une reine ☐ un prince ☐ une princesse ☐

Les véhicules que je préfère sont la voiture ☐ l'autobus ☐ l'avion ☐ le train ☐

Pour aller dehors, je porte un manteau ☐ un foulard ☐ un chapeau ☐ des gants ☐

Complète ces **questions** avec le ou les mots appropriés.
Ajoute le **point d'interrogation**.

Où • Quand • Est-ce que • Pourquoi • ~~Comment~~ • Combien • Quand

- <u>Comment</u> vont-ils à l'école $\boxed{?}$
- En autobus.

- _____ tu as dormi dans ton lit $\boxed{}$
- Oui.

- _____ parlera-t-elle à ses amis $\boxed{}$
- Aujourd'hui.

- _____ se cache-t-il sous ses couvertures $\boxed{}$
- Parce qu'il a peur.

- _____ écoute-t-elle de la musique $\boxed{}$
- Dans sa chambre.

- _____ ont-ils dormi dans la tente $\boxed{}$
- Hier.

- _____ de jours de vacances reste-t-il ? $\boxed{}$
- Dix.

Ajoute ces mots pour transformer les phrases **positives** ci-dessous en phrases **négatives**.

ne   n'   pas

L'autobus a cinq roues.

L'autobus n'a pas cinq roues.

Elle a peur des fleurs.

_____

Les poissons mangent des oiseaux.

_____

Un lion doit vivre dans une cage.

_____

Il a besoin d'un crayon pour manger.

_____

Les fraises et les carottes poussent dans les arbres.

_____

Complète les phrases avec les **verbes** suggérés.
Colorie le **temps** qui correspond.

| ~~J'ai eu~~ | Je fais | Il tournera |
| J'avais | Il y a | Elle lira |

	passé	présent	futur

_____J'ai eu_____ une leçon de piano
hier.
passé ● présent ○ futur ○

_____ mes devoirs avec
mon grand frère.
○ ○ ○

_____ son histoire
préférée après avoir brossé ses dents.
○ ○ ○

_____ de la belle musique
à la radio aujourd'hui.
○ ○ ○

_____ les pages de son
cahier quand il aura terminé.
○ ○ ○

_____ souvent peur du
noir quand j'étais petit.
○ ○ ○

Entoure les énoncés qui sont des **phrases** et trace un X sur ceux qui n'en sont pas.

Coup de pouce !

Souviens-toi : une **phrase** est une suite de mots qui a un **sens**.
Elle commence par une majuscule et se termine par un point.

Exemple :

~~Février, mars et avril.~~

Je regarde mon chien.

Je cherche mon cahier

Tu danses dans la.

J'ai dormi dans mon lit.

Il coupe du pain avec.

Je du mange gâteau.

La mouche est. un insecte

Je suis allé dans la cuisine.

elle utilise ses ciseaux

Elle aime la forme des nuages.

Entoure les mots qui marquent la **négation** dans les phrases ci-dessous.

- Les élèves (ne) vont (pas) à l'école le dimanche.

- Julie n'ira pas à la mer cette année.

- Cet enfant n'aime pas les légumes.

- La fleur ne s'ouvre pas avant mai.

- Les marins ne rentrent pas au port pendant des semaines.

Indique si l'action a lieu dans le **passé**, le présent ou le **futur**. Dans chaque phrase, souligne le **verbe** et le ou les mots qui t'ont permis de trouver la réponse.

<u>J'habite</u> dans un très beau pays. _présent_____

Hier, j'ai joué dans la cour avec mon chien._____

J'irai voir un film au cinéma demain soir._____

Il y avait un très grand parc ici._____

Il y a un petit lac au milieu de la ville._____

Les routes seront bientôt réparées._____

J'irai en voyage avec mes parents cet été._____

Je suis allé au magasin avec mes grands-parents ce matin.

_____

Les histoires sont mélangées. Replace-les dans le bon **ordre** en écrivant les chiffres sous les dessins.

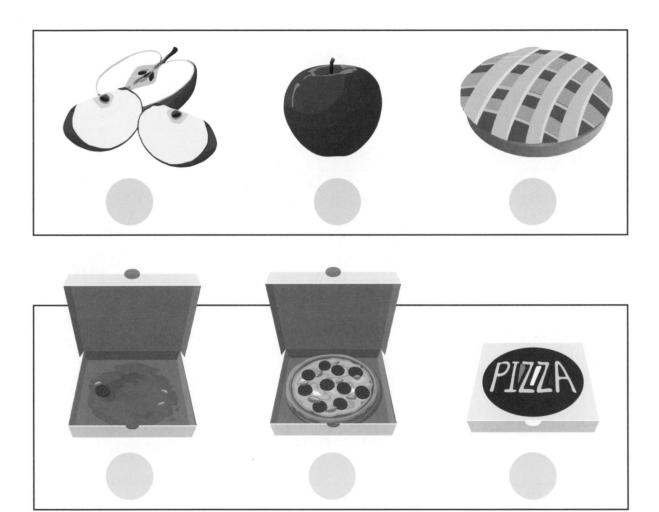

Replace l'histoire dans le bon **ordre**. Écris les chiffres 2, 3, 4 et 5 dans les cases devant les paragraphes.

| 1 | Ce matin, le réveil a sonné. Je me suis levée et habillée. Le soleil brillait. |

| | De retour à la maison, j'ai pris une collation avant de faire mes devoirs. Ensuite, j'ai un peu joué avec mes amis. |

| | Je suis allée à l'école. J'ai travaillé fort et je me suis amusée. |

| | J'ai mangé avec toute la famille. J'ai pris mon bain et je me suis couchée. Comme la journée est passée vite ! |

| | J'ai mangé, puis j'ai mis mon manteau. Je suis sortie dehors. Il faisait encore frais ce matin. |

Les énoncés ci-dessous sont-ils **certains, possibles** ou **impossibles** ? Colorie la bonne réponse.

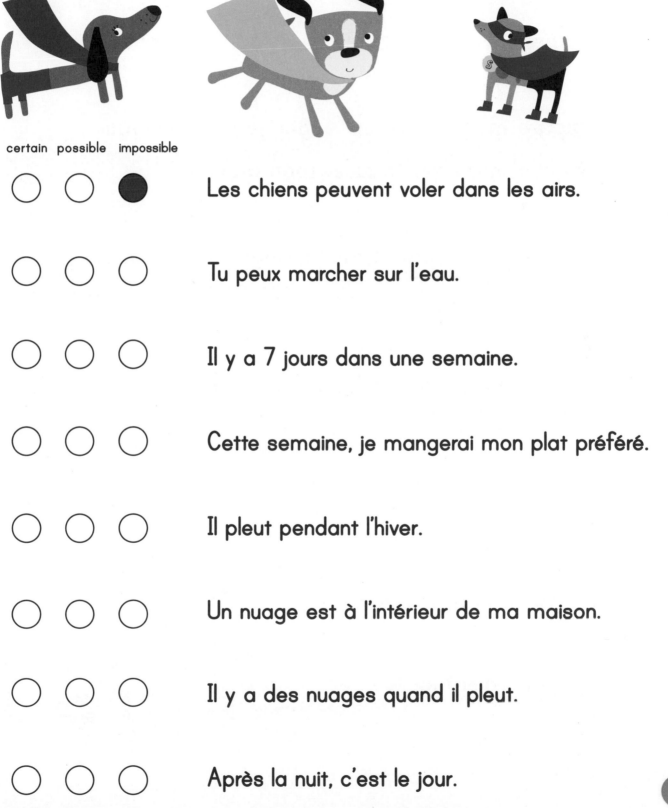

certain   possible   impossible

○ ○ ●   Les chiens peuvent voler dans les airs.

○ ○ ○   Tu peux marcher sur l'eau.

○ ○ ○   Il y a 7 jours dans une semaine.

○ ○ ○   Cette semaine, je mangerai mon plat préféré.

○ ○ ○   Il pleut pendant l'hiver.

○ ○ ○   Un nuage est à l'intérieur de ma maison.

○ ○ ○   Il y a des nuages quand il pleut.

○ ○ ○   Après la nuit, c'est le jour.

Lis les phrases ci-dessous et souligne les mots qui les rendent **invraisemblables.**

- Le chameau est un animal qui vit dans le <u>dessert.</u>

- Je prépare mon sac pour l'école, je n'oublie pas mon cahier, mon marteau et mon crayon.

- Ta voiture est bloquée dans la neige. Tu vas devoir déblayer avec ta pelle pour qu'elle puisse s'envoler.

- Il est déja minuit ! Il est l'heure de se lever.

- Le père de Julien est boulanger. Il vend les meilleures saucisses du quartier.

- Quelle jolie fillette barbue !

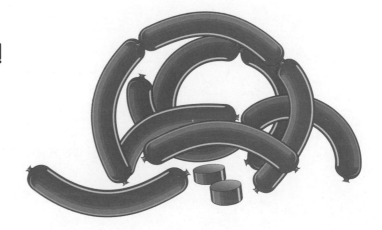

- Hier, j'irai au cinéma.

Qui suis-je ? Relie chaque mot à sa **définition**.

bébé

sapin

ballon

chaton

banane

poule

avion

avion

vélo

- Je suis un petit animal.

- Je suis en métal et je vole.

- Je suis rond.

- Je suis longue et jaune.

- Je suis un petit enfant.

- J'ai deux roues.

- J'ai deux pattes.

- Je suis un arbre.

Qui suis-je ? Relie chaque mot à sa **définition**.

Je flotte. •   • Un avion

Je vole. •   • Une voiture

J'ai deux roues. •   • Un bateau

J'ai quatre roues. •   • Un vélo

J'ai deux pattes. •   • Un lion

J'aime jouer. •   • Un lapin

Je suis le roi. •   • Une poule

Mes dents sont longues. •   • Un chaton

Je me lève. •   • Le soir

Je me couche. •   • Le midi

Je dors. •   • Le matin

Je suis le milieu du jour. •   • La nuit

Trouve l'animal mystère et entoure-le.

Coup de pouce !
Trace un X sur les animaux que tu élimines au fur et à mesure.

Je n'ai pas de plumes.
J'ai quatre pattes.
J'ai des poils.
Je ne vis pas en Afrique.
Je ne donne pas de lait ni de crème.
J'ai des sabots.

Trouve la maison mystère et entoure-la.

Mon toit n'est pas rouge.

Ma porte n'est pas verte.

Je n'ai pas de cheminée.

J'ai une fenêtre ronde.

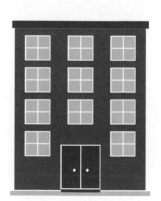

Trouve les mots mystères grâce aux **indices** cachés dans chaque boîte.

- Je protège du soleil.

- Je suis fabriqué avec du tissu, de la laine ou de la paille.

- On me porte sur la tête.

Je suis :

- Je suis fait de tissu.

- J'ai souvent besoin d'une ceinture.

- J'ai deux jambes mais je ne marche pas seul.

Je suis :

un chandail • une mitaine • une jupe •

un chapeau • un manteau • un bijou •

des gants • un pantalon • un foulard

- Je protège du froid.

- Les mains me disent merci.

- Je sépare le pouce des autres doigts.

Je suis :

- Je peux être de toutes les couleurs.

- Je suis souvent précieux.

- Je coûte souvent cher.

Je suis :

Trouve les mots mystères grâce aux **indices** cachés dans chaque boîte.

- Je brille dans le ciel.
- On me voit la nuit.
- J'ai des millions d'amies.

Je suis :

- Je flotte dans le ciel.
- J'annonce la pluie quand je suis gris.
- Je change de forme avec le vent.

Je suis :

une étoile • une orange • un poisson • le soleil •

une mouche • un flocon de neige • un nuage •

un oiseau • une citrouille

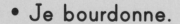

- Je bourdonne.
- J'ai six pattes.
- Je suis un insecte.

Je suis :

- Je n'ai pas de pattes.
- Je vis dans l'eau.
- Mon corps est couvert d'écailles.

Je suis :

Colorie la case qui décrit le mieux les mots soulignés.
Aide-toi du **contexte** pour trouver la réponse.

Le girafon vient de naître. Sa maman le trouve déjà très beau avec ses longues pattes et son long cou.

bébé lion	bébé éléphant	bébé girafe

J'ai placé le chandelier sur la table mais ce sont mes parents qui ont allumé la chandelle.

quelqu'un qui chante	support à chandelle	assiette

Je veux qu'on me donne un crayon supplémentaire. Le mien pourrait se briser.

de moins	de plus	qui manque

Le rutabaga pousse dans la terre. Il ressemble au navet, on en fait d'excellentes soupes.

un légume	un fruit	une fleur

Colorie la case qui décrit le mieux les mots soulignés.
Aide-toi du **contexte** pour trouver la réponse.

J'apprends l'écriture <u>cursive</u>. Je ne lève mon crayon qu'après avoir écrit un mot au complet.

lettres détachées	lettres attachées

J'ai besoin d'une <u>aiguille</u>. Mon bouton est tombé et je veux le remettre en place.

article de couture	partie d'une horloge

Mon jouet est brisé. Je peux le <u>rafistoler</u> moi-même. Je suis capable.

donner	réparer	jeter

J'ai mangé de la <u>choucroute</u> avec des saucisses. C'était très bon.

fait avec du pain	fait avec du chou

Quel **titre** correspond le mieux aux paragraphes ci-dessous ?
Colorie la bonne réponse.

Le pont de San Francisco est un des plus célèbres du monde. Avec sa belle couleur orange, il fait la fierté de la ville, et même du pays tout entier.

Un voyage aux États-Unis	Le pont de San Francisco	Les plus beaux ponts du monde

Traverse la rivière à l'entrée du village puis dirige-toi vers l'est. Une fois arrivé au rocher rose, creuse au pied du plus grand palmier et tu trouveras un coffre rempli d'or.

La chasse au trésor	Visite guidée au village	Comment traverser la rivière

Quel **titre** correspond le mieux aux paragraphes ci-dessous ?
Colorie la bonne réponse.

La baleine bleue est le plus gros animal vivant sur notre planète. Elle peut mesurer jusqu'à 30 mètres de long ! Elle se nourrit uniquement de minuscules crevettes.

Les animaux sous-marins

Les recettes à base de crevette

La baleine bleue

Les hommes ont des façons bien différentes de faire la fête à travers le monde. Le Nouvel An chinois, le Carnaval de Rio et le réveillon de Noël sont les célébrations les plus populaires de la planète.

Les fêtes dans le monde

Joyeux Noël !

Le Carnaval de Rio

Lis le texte ci-dessous et réponds aux questions.

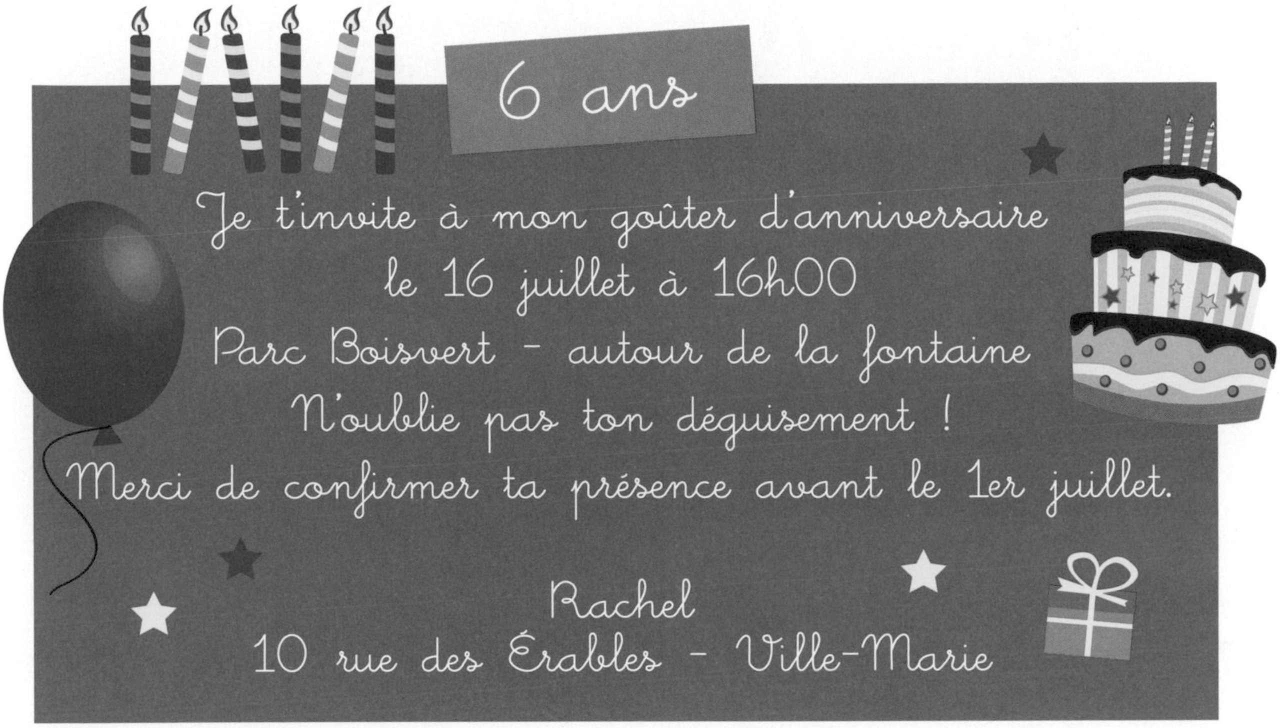

6 ans

Je t'invite à mon goûter d'anniversaire
le 16 juillet à 16h00
Parc Boisvert - autour de la fontaine
N'oublie pas ton déguisement !
Merci de confirmer ta présence avant le 1er juillet.

Rachel
10 rue des Érables - Ville-Marie

À quelle fête es-tu invité ?

- [ ] une fête d'anniversaire
- [ ] une soirée d'Halloween
- [ ] un réveillon de Noël

Quel âge aura la fêtée ?

- [ ] 5 ans
- [ ] 7 ans
- [ ] 6 ans

Que dois-tu apporter ?

- [ ] une boisson
- [ ] un cadeau
- [ ] un déguisement

Qui t'invite ?

- [ ] Rachel
- [ ] Marie-France
- [ ] Sabrina

FRANÇAIS
1RE ANNÉE

DIPLÔME

Félicitations!

Tu as terminé tes activités avec succès.

_____

Nom

_____

Date

_____

Signature